LINA BEN MHENNI

VERNETZT EUCH!

Das Buch

Lina Ben Mhenni ist die mutige Stimme der tunesischen Revolution. Erstmals in der Geschichte haben Blogs und soziale Netzwerke wie Facebook und Twitter ein diktatorisches Regime zu Fall gebracht. Die 27-jährige Lina Ben Mhenni war eine der Internetaktivisten, die den tunesischen Diktator Ben Ali vertrieben haben. Sie ist auf die Straße gegangen, hat mit anderen Demonstranten die Freiheit gefordert. Sie hat fotografiert, gefilmt und berichtet, dort, wo keine Presse erlaubt war. Ihr Blog »A Tunisian Girl« ist zu einem wichtigen Nachrichtenforum der arabischen Oppositionsbewegung geworden. In ihrer Streitschrift fordert Ben Mhenni die Leser auf, sich politisch zu engagieren und zu vernetzen. Ein Aufruf, der uns alle betrifft.

Die Autorin

Lina Ben Mhenni, Tunesierin, 27 Jahre, arbeitet als Dozentin für Linguistik und Übersetzerin an der Universität Tunis. Sie wurde mit dem Blog-Award der Deutschen Welle ausgezeichnet.

Die Übersetzerin

Patricia Klobusiczky studierte Literaturübersetzen und arbeitete lange als Lektorin. Seit 2006 ist sie Übersetzerin, u. a. von Lorrie Moore, Vincent Delecroix und Louise de Vilmorin.

LINA BEN MHENNI

VERNETZT EUCH!

Aus dem Französischen
von Patricia Klobusiczky

Ullstein

Den Märtyrern
Den Freiheitsliebenden
Meinem Vater, dem Mann meines Lebens
Meiner Mutter, die mich zweimal zur Welt gebracht hat
Meinem Bruder, weil er zu meinem Leben gehört
Leila und Abdennaceur, die während der Revolution meine Verzweiflung geteilt haben
Den Bloggern und Cyber-Aktivisten, die an uns geglaubt und gehandelt haben
Meinen Freunden
Den politischen Häftlingen, die in den Gefängniszellen wahnsinniger Diktatoren vermodern
Den arabischen Völkern, die für einen arabischen Frühling kämpfen
Den unterdrückten Völkern weltweit
Dem Frieden, der Freiheit, dem freien Wort

Meiner Krankheit, der ich so viele Einsichten verdanke …

Ich bin Bloggerin und werde es bleiben. Die Ereignisse der letzten Monate, von denen hier die Rede sein soll, haben mich in dieser Überzeugung bestärkt.

Ich beobachte, was in Tunesien passiert, insbesondere seit dem 14. Januar 2011, jenem Tag, an dem wir uns von der Last, dem Alptraum namens ZABA befreit haben – gemeint ist Zine el-Abidine Ben Ali, seit dem 7. November 1987 tunesischer Präsident mit dem Gebaren eines Diktators. Jetzt hat er seinen Platz zwar geräumt, aber er hat vieles hinterlassen, Gefährten, Gewohnheiten, eine Menge Gewalt.

Ich bin ein freies Elektron und möchte es bleiben. Seit ich im Internet aktiv bin, stoße ich oft auf Unverständnis, weil ich mich keiner politischen Partei anschließe: »Allein kannst du gar nichts bewirken.« Die Erfahrung hat mich das Gegenteil gelehrt. Ich hatte Gelegenheit, diverse politische Parteien hautnah zu erleben, ich bin führenden Parteivertretern begegnet und konnte dabei feststellen, dass ihre Methoden nicht zielführend sind, dass ihre ganze Arbeit sich darin erschöpft, andere kleinzureden sowie Tagungen und Versammlungen zu organisieren. Sie vergeuden ungeheuer viel Zeit damit, sich untereinander zu befehden und um wichtige Posten zu streiten. Jetzt wollen sie über die jungen Leute Macht erlangen. Und ich will mir weiterhin die Unabhängigkeit bewahren. Wir, die Blogger, sind frei, wir haben es immer abgelehnt, uns zu einer wie auch immer gearteten Organisation zusammenzuschließen, obwohl andere uns dazu bewegen wollten. Hin und wieder versammeln wir uns, wie 2008 und 2009 in Beirut beim BarCamp der arabischen Blogger, aber nur, um Erfahrungen auszutauschen. Bei der Parteiarbeit wird die Zeit streng eingeteilt, man ist eingespannt, gefesselt, an die politische Agenda gekettet und kann nicht sofort reagieren. Die Unmittelbarkeit geht verloren. Es gibt lauter Vorschriften, Protokolle, Grenzen. Ein freies Elektron kennt keine Grenzen. Ein Blogger oder eine Bloggerin ist tausend Mal schlagkräftiger, schneller. Es gibt keine Hierarchie. Alle können sich am Entscheidungsprozess beteiligen. Im Bereich des Cyber-Aktivismus leistet jeder, was er kann, und ein jeder trägt zum Ganzen bei – wie es bei der tunesischen Revolution der Fall war. Alle Tunesier haben die Revolution mitgetragen, keiner war der Anführer, aber alle haben sie auf die eine oder andere Weise angeführt.

»Fehler 404«

Auf Facebook und Twitter, den beiden großen sozialen Netzwerken, führten wir schon seit einigen Jahren umfangreiche und wirkungsvolle Aktionen gegen Zensur und Folter durch. Ich erinnere mich noch genau an meine erste eigene Zensurerfahrung. Es war im Jahr 2008, als ich im Rahmen eines Fulbright-Stipendiums in den USA

Arabisch unterrichtete. Der Blog, den ich mit meinem damaligen Freund – einem regimekritischen Journalisten, den ich von Facebook her kannte – gegründet hatte, war von der Regierung Ben Ali gesperrt worden, weil wir es wagten, dort politische Tabu-Themen zu behandeln. Wutentbrannt haute ich in die Tasten – eine halbe Stunde später erschien mein erster Beitrag gegen Zensur auf dem Bildschirm. Sami Ben Gharbia, ein bekannter Cyber-Aktivist, bot mir an, ihn auf Global Voices Online zu veröffentlichen, der Website einer internationalen, gemeinnützigen Vereinigung von Bloggern, die sich gegenseitig über die Ereignisse in ihrer jeweiligen Blogosphäre informieren. Ich habe sofort zugesagt. In meinem Beitrag schrieb ich: »Tunesische Internetnutzer sind inzwischen so vertraut mit der Fehlermeldung ›404 not found‹, dass sie eine virtuelle Gestalt namens Ammar 404 erfunden haben, die mit der Zensurschere bewaffnet ist. Versuchen Sie doch mal, YouTube oder Dailymotion aufzurufen, wenn Sie in Tunesien sind: Sie werden umgehend mit dieser Fehlermeldung konfrontiert! Falls Sie die Nachrichten auf Al-Dschasira oder Al-Arabiya verfolgen möchten, meldet die staatliche tunesische Internetbehörde, dass sie Ihnen diesen Dienst leider nicht zur Verfügung stellen kann. Wenn Sie sich mit Berichten aus erster Hand über den Alltag und die Sorgen der Tunesier informieren wollen, indem Sie eine Website wie Tunisian News, aafaq.org oder nawaat.org konsultieren, werden Sie wieder zu lesen bekommen: Leider können wir Ihnen keinen Zugang gewähren. Sie sind ein Ausländer in Tunesien, und ein Freund hat Ihnen den Link zu seinem Blog zukommen lassen, damit Sie einen Blick darauf werfen können – tut uns leid, aber das ist zurzeit nicht möglich. Über die tunesische Zensur wird jetzt weltweit berichtet, vor allem seit der Sperrung des sozialen Netzwerks Facebook. [...] Mein Blog ist nicht der einzige, der in Tunesien zensiert wurde. Die Liste ist lang. Es vergeht kaum ein Tag, ohne dass die Zensur von einem oder zwei weiterer Blogs ans Licht kommt: Astrubal, Mochageb, enne9ed, Samsoum, For Gafsa, Against Censorship, Free Word, Free Race etc. [...] Das Problem ist aber, dass die Repression sich nicht auf Zensur beschränkt. Sie geht so weit, dass die Internauten festgenommen und eingesperrt werden können.« Unmittelbar nach diesem ersten individuellen Beitrag habe ich mich an einem kollektiven Aufruf gegen die Sperrung von Facebook beteiligt. Sechzehn Tage später erteilte Ben Ali den Befehl, das Netzwerk wieder zugänglich zu machen.

Als Ende Dezember 2008 während des brutalen israelischen Überfalls auf den Gazastreifen Hunderte Zivilisten bei den Luftangriffen und der anschließenden Bodenoffensive ums Leben kamen, nahm ich in Tunis an sämtlichen Protestdemonstrationen dagegen teil. Ich war über die Wintersemesterferien nach Hause gefahren und prangerte diese Verbrechen in meinem Blog an. Die Demonstrationen waren in unserem Land größtenteils verboten oder unterdrückt worden, obwohl sie das Regime gar nicht betrafen. In dieser Zeit erfuhr ich auch von einem großen Unrecht, das Angehörige der Präsidentengattin, der berüchtigte Trabelsi-Clan, an tunesischen Bürgern begingen. Sie wollten die Bewohner von El Bratel, einem Gebäudekomplex in der Hafenstadt La Goulette, vertreiben, um sich das Gelände anzueignen und dort ein Parkhaus oder Einkaufscenter zu errichten. Ich bin mit meinem Freund, dem Journalisten, hingefahren. Die Siedlung war von Polizisten umstellt, während mit schwerem Gerät bereits ein Teil der Häuser abgerissen wurde, vor den Augen der ohnmächtigen, sprachlosen Bewohner. Es ist uns gelungen, ein paar Fotos zu machen und Augenzeugenberichte aufzunehmen. Als ich das Material noch am selben Abend ins Internet stellte, erklärten mich alle für verrückt und rieten mir, das Handtuch zu werfen.

Ich habe trotzdem weitergemacht. Im Februar 2009 fiel mir nach meiner Rückkehr in die USA der Artikel einer Internet-Freundin ins Auge, er handelte von fünf Studenten, die in den Hungerstreik getreten waren. Damit wollten sie gegen ihren Ausschluss von der Universität in Tunis protestieren, der aufgrund ihrer Tätigkeit bei der allgemeinen tunesischen Studentengewerkschaft UGET erfolgt war. Da die Streikenden keinen Internetzugang hatten, nahm ich telefonischen Kontakt zu ihnen auf. Mit Hilfe meines Freundes Wissem Sghaïer, einem UGET-Aktivisten und Mitglied der Oppositionspartei PDP (Demokratische Fortschrittspartei), der mich mit den neuesten Informationen versorgte, berichtete ich im Netz über den Verlauf ihrer Kampagne. Wir führten stundenlange Diskussionen über Skype. Ich schrieb kontinuierlich und veröffentlichte die Fotos, die man mir zukommen ließ. Ich setzte mich auch mit mehreren NGOs in den USA in Verbindung, von denen einige sogar Unterstützungskampagnen ins Leben riefen. Der Streik hielt neunundfünfzig Tage an, aber die Regierung hüllte sich beharrlich in Schweigen. Der Zustand der Studenten verschlimmerte sich zusehends. Manche von ihnen mussten mehrmals ins Krankenhaus gebracht werden. Mit jedem Tag schwebten sie in größerer Lebensgefahr. Schließlich haben engagierte Vertreter der Zivilgesellschaft die Studenten dazu gebracht, ihren Streik zu beenden.

»Ich bin Fatma«

Mohamed, einer der fünf Hungerstreikenden, war inzwischen mein Freund, als er am 22. Oktober 2009, mitten im Parlaments- und Präsidentschaftswahlkampf, verschwand, nachdem er französischen Radiosendern Interviews gegeben hatte. Gleich danach tauchte »Arabica«, wie Fatmas Nickname lautete, aus dem Internet auf. Die Kriminalpolizei hatte sie vorgeladen, nur weil sie als Bloggerin in Erscheinung getreten war. Fatma teilte mir mit, wann sie in Tunis eintreffen würde, und ich holte sie ab. Bei dieser Gelegenheit lernte ich Leila Ben Debba kennen, eine starke Frau und kämpferische Anwältin. Sie stieß am Bahnhof zu uns, danach begaben wir uns zu dritt zum Friedhof von Djellaz. Dort wollten wir am Grab von Naziha – einer engagierten Feministin und Menschenrechtlerin, die drei Tage zuvor ihrem Leiden erlegen war – die *Fatiha* lesen, die Eröffnungssure des Korans. Fatma wurde unter Arrest gestellt. Keine Stunde später hatten wir bereits einen Blog, eine Facebook-Gruppe und einen Twitter-Account gegründet. Ich stellte die Verbindung zwischen der Anwältin Leila und den Bloggern her. Weltweit beteiligten sich Internauten an der Kampagne »Ich bin Fatma«. Tausende von Menschen quer durch alle Länder und internationale Zeitungen thematisierten die ungerechtfertigte Festnahme, und Fatma wurde freigelassen: ausgerechnet am 7. November, dem ominösen Gedenktag von ZABAs Machtergreifung.

Bei Mohamed war der Fall komplizierter. Die Blogger hatten ihm ihre Unterstützung entzogen, mit der Begründung, dass er bei der illegalen Kommunistischen Arbeiterpartei Tunesiens Mitglied war, und so musste ich allein handeln. Dabei hatte man mir seit einem Jahr kein Gehalt mehr ausgezahlt, um mich auf diese Weise zum Schweigen zu bringen. Ich nahm Kontakt zu Anwälten auf, zu führenden politischen Persönlichkeiten und internationalen NGOs. Es gelang mir, über das Internet Tausende Mitstreiter zu mobilisieren, nicht nur für Mohamed, sondern auch für die zwanzig anderen Studenten, die man festgenommen hatte, weil sie mit einem Sit-in erreichen wollten, dass man auch Frauen das Recht gewährte, im Studentenwohnheim unterzukommen. Am 1. Januar 2010 wurde Mohamed nach zwei Monaten und zehn Tagen Haft aus dem Gefängnis entlassen.

22. Mai 2010: Ein Höllentag für »Ammar 404«

Jetzt komme ich auf das Ereignis zu sprechen, das in meinen Augen das Schlüsselmoment unserer Revolution ist und bleibt: Die Blogger und Facebooker wollten der Zensur direkt ein Schnippchen schlagen und setzten zu diesem Zweck am 22. Mai 2010 eine Demonstration mitten im Zentrum von Tunis an. Wir waren wild entschlossen,

ZABA die Hölle heißzumachen, genau wie seinen sechshundert Cybercops, die uns in Absprache mit der tunesischen Internetbehörde vom Kommunikationsministerium aus bekämpften. Die Situation hatte sich im Vorfeld verschärft, die Internetzensur noch nie gekannte Ausmaße erreicht. Hunderte von Blogs waren gesperrt worden; die Fotos unserer Facebook-Profile hatte man durch das Bild eines Piratenschiffs ersetzt; Nachrichten-Websites oder Plattformen wie Flickr und Wat TV, die das Hochladen von Fotos oder Videos ermöglichen, waren blockiert. Mitte April 2010 war man am helllichten Tag im Haus meiner Eltern eingebrochen. Dabei verschwanden meine beiden Laptops, meine Film- und Fotokameras, eine externe Festplatte und DVDs sowie der Schmuck meiner Mutter. Ich wusste gleich, dass die politische Polizei hinter dem Einbruch steckte.

Da haben wir uns zum Handeln entschlossen. Zunächst tauschten wir uns über Skype aus, dann haben wir ganz schnell eine geschlossene Google-Gruppe eingerichtet, zu der andere Internauten nur auf Einladung der Gründungsmitglieder Zutritt erhalten. Der harte Kern bestand aus rund zwanzig Personen: Slim, Sofiene, Yassine, Hana, die Jüngste in unserer Gruppe … Erst danach haben wir uns in der Außenwelt getroffen, um die Aktionen abzustimmen. Dabei haben wir uns auf eine friedliche Großdemonstration am 22. Mai geeinigt. Die Aufgaben wurden auf Zuruf an Freiwillige verteilt: Ich richte einen Twitter-Account ein; und ich eine Facebook-Seite. Einer sagte: Ich nehme Videos auf, ein anderer: Und ich mache Fotos. Wir hatten uns dafür entschieden, die Demonstration in legalem Rahmen durchzuführen, in Abstimmung mit Rechtsanwälten. Die Gruppe erteilte Slim und Yassine den Auftrag, beim Innenministerium eine Genehmigung einzuholen. Ich fuhr mit den beiden hin. Slim vertraute mir seine Autoschlüssel und sein Handy an. Ich wartete in einem Café unweit des verhassten Ministeriums. Von dort aus konnte ich zusehen, wie sich meine zwei Kameraden auf das große Tor zubewegten und in eine Nebenstraße dirigiert wurden. Nach einer Stunde tauchten Slim und Yassine wieder auf. Ich rannte auf sie zu, und sie erzählten mir, dass man unser Gesuch dort nicht annehmen wollte und sie an das Gouvernorat von Tunis verwiesen hatte. Auch dort wollte man das Gesuch nicht annehmen. Daraufhin verfassten wir eine Pressemeldung, ich auf Arabisch und Hana auf Französisch. Aber sie wurde in keiner einzigen Zeitung abgedruckt.

Am nächsten Tag rief Slim an. Er bat mich, als Dritte im Bund ein neues Dokument zu unterschreiben, das für das Innenministerium bestimmt war. Ich habe keine Sekunde gezögert. Am Vortag der Demonstration sollte ich mich mit ihm treffen, um die letzten Maßnahmen abzustimmen. Als er mir am Telefon unser Stammcafé als Treffpunkt nannte, hatte ich das Gefühl, dass wir abgehört wurden, und brach unser Gespräch ab. Danach ließ ich ihm eine Nachricht zukommen, um einen anderen Treffpunkt zu vereinbaren. Ein paar Stunden später wartete ich dort vergebens auf Slim, und als ich anrief, sprang gleich der Anrufbeantworter an. Anschließend meldete sich Yassine, um sich mit mir zu verabreden. Wieder das gleiche Spiel: Yassine tauchte nicht auf. Hana und ich verfassten daraufhin eine weitere Pressemeldung, um die Entführung von Slim und Yassine anzuzeigen. Diesmal hinterlegten wir sie am Stammsitz der tunesischen Menschenrechtsliga, die an diesem Tag Jubiläum feierte. Zu Hause nahm ich ein Video auf, um über die Festnahme unserer beiden Mitstreiter zu informieren und darauf zu verweisen, dass die Obrigkeit jede Antwort auf unsere Anfragen verweigerte. Schließlich gab ich bekannt, dass die Demonstration dennoch stattfinden würde. Da ich weder zu meinem Mailprogramm noch zu Facebook Zugang hatte, brachte ich das Video von einem Internet-Café aus in Umlauf und gab dafür meine letzten zwei Dinar aus. Mangels Internetzugang erfuhr ich dann nicht gleich von Slims und Yassines Freilassung, die in der Nacht darauf erfolgt war. Zuvor hatte man sie genötigt, die Demonstration per Videoaufnahme abzublasen.

An besagtem 22. Mai war unsere ursprüngliche Anzahl von rund zwanzig Aktivisten auf eine Menschenmenge von mehreren Tausend angewachsen, die sich im Zentrum von Tunis einfanden, alle mit weißen T-Shirts bekleidet, denn so lautete unser Plan B: diese T-Shirts zu tragen und die Cafés der Innenstadt zu besetzen, falls die Bullen uns auseinandertrieben. Noch nie hatten wir so viele Ordnungskräfte gesehen, so viele Geheimpolizisten. Ich erinnere mich, dass an diesem Tag auch ein wichtiges Fußballspiel stattfand, eigentlich hätten die Ordnungskräfte dort zur Stelle sein müssen, aber Ben Ali hatte sie alle abgezogen, damit sie uns in Schach hielten. Es war zum Lachen und zum Heulen: Da wurden Menschen von Polizisten drangsaliert, nur weil sie ein weißes T-Shirt trugen! Wir saßen gerade in unserem Stammcafé, diesem schäbigen Lokal, das kaum hundert Meter vom Innenministerium entfernt war, als meine Freunde Moudhafer und Helmi mich mit einer Torte und zwei Büchern überraschten: Ich hatte ganz vergessen, dass dieser Tag mein Geburtstag war! 27 Jahre …

Drei Monate später gingen wir zum nächsten Angriff über. Diesmal veranstalteten wir einen Flashmob gegen die Zensur, unsere alte Feindin. Wieder haben wir über das Web und unsere Netzwerke mobil gemacht. Wir sollten alle ein weißes T-Shirt tragen und ein *Machmoum,* ein Jasminsträußchen, in der Hand halten. So wollten wir uns grüppchenweise in Sidi Bou Saïd verteilen, dem malerischen Dorf nördlich von Tunis, das für seine friedliche Stimmung berühmt ist, seine Bougainvilleen, seine Cafés, in denen Minztee und Mandelgebäck serviert werden. Doch als wir aus dem Zug stiegen, wurden wir von einer Gruppe Polizisten zum Umkehren gezwungen. Kaum waren wir wieder am Bahnhof von Tunis angekommen, fiel ich fast in Ohnmacht, weil ein ranghoher Scherge, der in Studentenkreisen als Folterkönig berüchtigt war, seinen Untergebenen lautstark Befehl erteilte, alle Jungen ziehen zu lassen und nur mich zurückzuhalten! Es hieß, dieser Mann habe während seiner Laufbahn mehrere Studentinnen vergewaltigt. Wir hielten dem Polizeiansturm jedoch stand und schrien so laut, dass wir auch Passanten um uns scharen konnten. Schließlich gelang es uns, bis zu unseren Blogger-Freunden vorzustoßen, die in der Nähe von La Marsa zu Abend aßen. Dort haben wir zu guter Letzt einen Mini-Flashmob abgehalten. Mission erfüllt!

Dann brachte Mohamed Bouazizi sich selbst als Brandopfer dar

Nach diesen beiden Schlachten kehrte vergleichsweise wieder Ruhe in mein Leben ein. Der Sommer verging ziemlich ereignislos, aber dann kam es im Winter zu diesem schrecklichen Vorfall, der alles wieder ins Rollen brachte. Von diesem Datum an – dem 17. Dezember 2010 – wurden meine Nächte schlagartig zum Tag. Besser gesagt *unsere* Nächte, denn inzwischen war ich bei Leila eingezogen, jener befreundeten Anwältin, die ich kennengelernt hatte, als ich »Arabica« am Bahnhof abholte. Leila und ich saßen in der Küche vor unseren Laptops, als wir es erfuhren: Mohamed Bouazizi, ein junger Mann, der in Sidi Bouzid, einer Stadt in Zentraltunesien, als fahrender Gemüsehändler arbeitete, hatte sich selbst in Brand gesteckt. »Auf nach Sidi Bouzid!«, riefen wir einmütig. Leider fehlten uns dazu die Mittel, aber auch jetzt konnten wir das Geschehen dank Facebook, Twitter, Flickr verfolgen: Freunde und Sympathisanten des jungen Mannes demonstrierten vor dem Gouvernoratssitz, und die Polizei ging wie gewohnt gewaltsam gegen sie vor. Es wurde eine lange Nacht. Die Bewohner von Sidi Bouzid veranstalteten ein Sit-in und weigerten sich, nach Hause zu gehen. Leila kannte Anwaltskollegen vor Ort, mit deren Hilfe wir die Informationen nachprüften, die uns über die sozialen Netzwerke erreichten. Ich wiederum spannte mein gesamtes virtuelles Netzwerk ein und wandelte mich selbst zu einer Informationsquelle, nachdem ich so lange mitgelesen hatte. Auf Twitter wurde *sidibouzid* zum meistverwendeten Hashtag, und zwar nicht nur bei uns in Tunesien, sondern bald auf der ganzen Welt!

Am 19. Dezember verfasste ich folgenden Eintrag unter der Überschrift *Sidi Bouzid brennt*: »In letzter Zeit haben die Selbstverbrennungen in Tunesien stark zugenommen. Die Täter / Opfer sind in der Regel tunesische Mitbürger, die jede Hoffnung auf ein Leben in Würde verloren haben. Armut und Arbeitslosigkeit haben ihnen die Existenz unmöglich gemacht. Manche dieser tragischen Vorfälle finden Verbreitung in den Medien – und zwar Bürger-Medien (Blogs, Facebook, Twitter), da unsere offiziellen Medien nichts anderes präsentieren als die staatstragenden Handlungen des Präsidenten, der Regierungspartei und der Verbände und Vereine, die der Regierungspartei nahestehen, sowie internationale Nachrichten aus zweiter Hand und das Neueste vom Sport. Andere Vorfälle werden nirgends erwähnt, und so will ich hier ein paar Beispiele anführen: den Tod von Abdesselem Trimeche in Monastir, infolge seiner Selbstverbrennung im vergangenen April, ein Fall, der die Zivilgesellschaft aufgerüttelt und die Bürger von Monastir dazu bewegt hat, am Tag seiner Beerdigung scharenweise auf die Straße zu gehen und ihrer Empörung Ausdruck zu verleihen angesichts einer Regierung, die das Schicksal ihrer Bürger kaltlässt; den (überwiegend unbemerkt gebliebenen) Tod von Chamseddine El Hani, einem Arbeitslosen aus Metlaoui im Gouvernorat Gafsa, der sich am 19. November 2010 verbrannt hat, nachdem er auf seine zahllosen Bewerbungen hin nur Absagen erhalten hatte und seine Versuche illegaler Einwanderung gescheitert waren. Er starb noch am selben Abend im Krankenhaus von Metlaoui. Die jüngste Selbstverbrennung beging Mohamed Bouazizi

[…] aus Sidi Bouzid. Sein tragisches Ende hat den Zorn aller Bewohner von Sidi Bouzid entfacht. Spontan sind sie auf die Straße gegangen, um ihre Wut und Unzufriedenheit zu demonstrieren. Die Regierung reagierte wie gewohnt: Überall wimmelt es von Polizisten und Mannschaftswagen, und man muss mit dem Schlimmsten rechnen.«

Ich lebte nur noch für Sidi Bouzid. Leila und ich schliefen höchstens drei Stunden pro Nacht. Den Rest der Zeit sammelten wir Informationen und schrieben pausenlos weiter. Darüber vergaß ich mich selbst, hörte auf, mich zu frisieren, zu schminken, mir die Augenbrauen zu zupfen. Nicht einmal zum Essen nahmen wir uns die Zeit. Zum Glück waren die Nachbarinnen zur Stelle, um sich um unser Aussehen und Wohlergehen zu kümmern. Bassam, ein Arzt, der mit Leila befreundet war, zog mich deswegen ständig auf, er nannte mich »armes kleines Frauchen« und brachte mich damit auf die Palme. Binnen einer Woche tobte der Kampf in allen Städten des Gouvernorats Sidi Bouzid: Djelma, Menzel, Bouzayène, Regueb, Mezzouna und Meknassy. Etliche Demonstranten fielen den Kugeln der tunesischen Polizei zum Opfer. Junge Leute, die man eiskalt erschossen hatte, aber selbst das scheuchte die trägen tunesischen Fernseh- und Radiosender nicht auf. Erst, als meine Freundin Emel Mathlouti nach Tunesien zurückkehrte, war mir eine Pause vergönnt. Die engagierte Sängerin, von der später noch die Rede sein wird, ging hier auf Tournee, und ich begleitete sie. So kam ich auf andere Gedanken.

Die Anwältin und die Prostituierte

Am 25. Dezember setzte ich mich wieder an die Tastatur. Nachdem ich in Tunis an der ersten Solidaritätskundgebung für die Bevölkerung des Gouvernorats Sidi Bouzid teilgenommen hatte, organisiert vom tunesischen Gewerkschaftsbund UGTT, postete ich folgenden Eintrag auf meinen Blog: »Heute habe ich beschlossen, den Schmerz der Menschen von Sidi Bouzid zu teilen. Als ich den über Facebook kommunizierten Versammlungsort erreichte, stellte ich ohne Überraschung fest, dass die Polizisten noch zahlreicher erschienen waren als die Demonstranten. Um elf Uhr haben die Demonstranten Banner hochgehalten, die die Ereignisse in Sidi Bouzid beim Namen nannten, danach haben einige Gewerkschaftler, darunter einer aus der betroffenen Gegend, Reden gehalten, um die Zustände in der Region zu schildern. Im Anschluss wollten die Demonstranten in die Straßen von Tunis ausschwärmen. Die Polizisten haben ihnen den Weg abgeschnitten, was zu heftigem Gedränge und gewalttätigen Auseinandersetzungen führte. Dennoch ist es den Demonstranten gelungen, in die Rue Mongi-Slim vorzudringen. Dabei skandierten sie unablässig ihre Sprüche und sangen die Nationalhymne. Die Polizisten versuchten unterdessen weiterhin, die Demonstranten zurückzudrängen, beschimpften und beleidigten sie dabei und schlugen sogar auf einige ein. Von der Rue Mongi-Slim gelangten die Demonstranten schließlich in die Rue des Teinturiers. Dort kam es zu üblen Repressalien. Manche Leute wurden niedergetrampelt, und ein junger Mann wurde von Polizisten brutal verprügelt.

Schließlich hat die Polizei sämtliche Demonstranten zum Umkehren gezwungen. […] Danach sind alle zur Place Mohamed-Ali zurückgekehrt, wo Studenten die Gewerkschaftshymne der UGET gesungen haben, Lieder von Marcel Khalifa sowie die Internationale.«

Bei dieser Kundgebung standen zwei Frauen in vorderster Reihe, deren Gesichter sich mir für immer ins Gedächtnis gebrannt haben. Zwei Frauen, die vom sozialen Status her alles trennte, die aber das gleiche Ziel verfolgten und von der gleichen Entschiedenheit beseelt waren. Ich sehe die erste wieder vor mir, mit ihren blond gefärbten Locken, wie sie im Gedränge zwischen Demonstranten und Polizisten einen Schuh verliert. Sie war eine der Prostituierten von Abdallah Guech, dem Bordell von Tunis. Kurze Zeit später wurde sie von Islamisten hart angegangen, nach der Flucht Ben Alis am 14. Januar. Die zweite Frau, meine Freundin Leila, die Anwältin, übertraf sich an diesem Tag selbst, vergaß ihre Beinbeschwerden, kämpfte sich bis zur ersten Reihe durch und überwand die Polizeisperre. Ihr Bild wurde von mehreren ausländischen Fernsehkameras eingefangen und ging um die ganze Welt.

Anlässlich der Demonstration, die zwei Tage danach in Tunis abgehalten wurde, am Montag, den 27. Dezember, kommentierte ich in meinem Blog und auf meiner Facebook-Seite: »Diesmal haben mehr Leute demonstriert als bei der ersten wütenden Kundgebung. Sie sangen die Nationalhymne im Chor, begehrten mit einer Stimme gegen das Unrecht auf. Danach haben wir zu schreien angefangen und das Recht auf Arbeit, auf Würde und Freiheit eingefordert: ›Arbeit ist ein Menschenrecht, das könnt ihr uns nicht rauben!‹, ›Ihr Bürger, ihr Opfer, kämpft mit uns für die gerechte Sache!‹, ›Ihr Polizisten, ihr Opfer, schließt euch dem gerechten Kampf an!‹«

Am nächsten Tag, dem 28. Dezember 2010, schritten die Anwälte zur Tat. Vor dem Gerichtsgebäude schwenkten sie in ihren Roben Plakate, auf denen zu lesen war: »Wir sind Verteidiger auf Lebenszeit«; »Redeyef, Ben Guerdène, Sidi Bouzid: Der Countdown läuft«. Die Slogans wurden immer politischer ... und das unterdrückte Volk hat seine Angst überwunden. Eine ältere Dame, von Kopf bis Fuß im traditionellen *Sefseri*-Umhang aus weißer Seide gehüllt, erhob sich und hielt spontan eine flammende Rede. Ein paar Anwälte halfen ihr, auf einen Stuhl zu steigen, und in diesem Moment erklang die Stimme des Volkes. Die unscheinbare Dame erwies sich als ungeheuer sprachgewaltig, während sie das Unrecht beklagte, das ZABAs Gattin Leila und der Trabelsi-Clan am tunesischen Volk beging. Zunächst erzählte sie, was sie und ihr Sohn durchmachen mussten, der trotz höheren Schulabschlusses keine Arbeit fand, dann kam sie auf Korruption und Vetternwirtschaft zu sprechen. Damit löste sie bei allen Umstehenden einen gewaltigen Beifall aus, der aus tiefstem Herzen kam. Ich habe umgehend ein Video dieser tapferen Dame auf Facebook hochgeladen, das gleich von mehreren Gruppen übernommen wurde. Das sorgte für einen ziemlichen Buzz!

Am späten Nachmittag erfuhren wir jedoch, dass man die Anwälte Abderraouf Ayadi und Chokri Belaïd entführt hatte. Ich habe die Nachricht sofort über Twitter und Facebook weiterverbreitet. Am Abend schaltete die Polizei den Strom im Gerichtsgebäude ab, so wollte sie die Anwälte vertreiben, die sich zu einem Sit-in eingefunden hatten, um ihre Kollegen zu unterstützen. An dieser Stelle muss ich einfach, halb schadenfroh, halb angewidert, eine Kostprobe von ZABAs Redeweise geben, die einem König Ubu alle Ehre gemacht hätte. Mit diesen hohlen Worten hat er uns an jenem Tag auf seinem Sender TV 7 beglückt: »Gewisse Vorfälle wurden ohne Not aufgebauscht, weil sie von gewissen politischen Parteien instrumentalisiert werden, denen das Wohl ihres Vaterlandes keineswegs am Herzen liegt, lieber bedienen sie sich gewisser ausländischer Medien, die ihre verlogenen Behauptungen ungeprüft verbreiten und allein auf dramatisierende Effekte abzielen [...] und auf eine medienwirksame Diffamierungskampagne, die Tunesiens Ruf schadet.« Später mussten wir wieder einmal mit ansehen, wie ZABA seine Show abzog und sich an das Bett einer rundum bandagierten Mumie begab, die er als die sterblichen Überreste von Mohamed Bouazizi präsentierte. Die Tunesier, an solche widerwärtigen Inszenierungen gewöhnt, ließen es sich nicht nehmen, auf einen merkwürdigen Umstand hinzuweisen: Der Präsident hatte allem Anschein nach die Intensivstation betreten, ohne zuvor den obligatorischen sterilen Kittel überzuziehen ...

Am nächsten Morgen hörten wir von der Freilassung der beiden entführten Anwälte. Leila hatte vom Tauziehen zwischen Polizisten und Anwälten im Gerichtsgebäude eine Verletzung davongetragen. Fast hätten wir vergessen, dass bald Neujahr war. Während Leila wimmernd im Bett lag, ging ich spätabends noch raus, um etwas zu essen zu besorgen. Weil ich dazu aber keine rechte Lust hatte, bin ich nur mit einem großen Rosenstrauß für Leila heimgekehrt. Immerhin etwas!

Die Cyber-Piraten schlagen zurück

Unser Kampf hatte sich inzwischen internationalisiert, Cybernauten aus aller Welt richteten ihre Augen auf Tunesien, auf unsere Aktionen. Anonymous, das internationale Hacker-Kollektiv, machte uns am Abend des 2. Januar 2011 ein schönes Geschenk: Die Gruppe enterte Teile des Netzes, nachdem sie auf ihrer eigenen Webseite einen offenen Brief gepostet hatte, der die tunesische Regierung eindringlich vor weiteren Verletzungen der Meinungsfreiheit warnte. Am Ende stand dieses knappe Bekenntnis: »Wir vergeben nicht. Wir vergessen nicht. Erwartet uns.«

In ihrem Brief verkündeten die Anonymen: »Die Zeit der Wahrheit ist angebrochen. Die Zeit, in der Menschen sich frei äußern und von überall auf der Welt erhört werden können. Die tunesische Regierung will die Gegenwart mit Lügen und Fehlinformationen kontrollieren, um die Zukunft zu schreiben, die den Bürgern die Wahrheit vorenthält. Wir werden das nicht stillschweigend hinnehmen! Anonymous hat den Ruf nach Freiheit der tunesischen Bürger gehört. Anonymous ist bereit die tunesische Bevölkerung von der Unterdrückung zu befreien.«

Leila und ich saßen wie gebannt vor unseren Bildschirmen und verfolgten live, mit schier unbezähmbarer Freude, die Angriffe dieser Hacktivisten: Sobald eine Regierungswebseite getroffen und versenkt war, konnte sie nicht mehr aufgerufen werden. Das erinnerte uns daran, wie die Cybercops mit unseren Seiten verfahren waren, umso lauter jubelten wir.

Das Regime reagierte mit unerbittlicher Härte: Es kam

zu zahlreichen Verhaftungen, Facebook- und E-Mail-Accounts wurden gekapert und gesperrt – darunter auch meine. Hamadi Kaloutcha, Chamseddine Ben Jemaa, Azyz Amami, Slim Amamou und weitere Aktivisten wurden im Handumdrehen identifiziert und in die Zellen des Innenministeriums verschleppt. Das war am 6. Januar, dem Streiktag der Anwälte, unserer Mitstreiter. Als ich das Gerichtsgebäude betreten wollte, versuchten Polizisten, mich daran zu hindern, aber der monatelange Kampf hatte mich verändert. Früher wurde ich in solchen Fällen sofort rot und brachte kaum ein Wort heraus. Inzwischen hatte sich mein Selbstverständnis gewandelt, ich wusste genau, was ich als Bloggerin zu tun hatte: fotografieren, filmen, Augenzeugenberichte sammeln, um den verlogenen Unsinn zu entlarven, den ZABAs Getreue unweigerlich verzapfen würden. Ich habe den Agenten der Staatsmacht in die Augen gesehen und ihnen einen Vortrag gehalten, mit dem sie sicher nicht gerechnet hatten. Und so erklärte ich ihnen, dass es sich bei diesem Gericht um einen öffentlichen Ort handelte und niemand das Recht oder die Macht habe, mir den Zutritt zu verweigern. Leila bewahrte die Ruhe und ihr Lächeln, auch wenn sie ein wenig aggressiv gestimmt war, sie stupste mich leicht an, und schon war ich drin. In der Eingangshalle schwenkten rund hundert Anwälte in Roben anklagende Plakate. Wie zum Beweis für die nahende Wende beteiligten sich auch solche am Streik, die bislang für ihre Nähe zum Regime bekannt waren. Alle sangen die Nationalhymne und wiederholten im Chor jene Verse des großen tunesischen Dichters Abu al-Qasim asch-Schabbi, die zur Hymne aller folgenden arabischen Revolutionen werden sollten: »Wenn das Volk eines Tages zu leben beschließt / Muss das Schicksal sich beugen / Muss die Finsternis weichen / Müssen die Ketten aufbrechen.«

Einige Polizisten in Zivil, die mir schon bei früheren Gelegenheiten aufgefallen waren, ließen mich nicht aus den Augen. Um meine Film- und Fotoaufnahmen zu retten, zog ich mich in die Gerichtsbibliothek zurück und lud mit Hilfe eines Surfsticks schnell alle Videos ins Internet hoch, bevor ich das Gebäude verließ.

Am 8. Januar ergab sich die Gelegenheit, auf die ich so lange gewartet hatte: Endlich konnte ich nach Sidi Bouzid fahren, um mit eigenen Augen zu sehen, wo der junge Mohamed Bouazizi sich selbst geopfert hatte. Eine Gruppe französischer Journalisten suchte einen »Fixeur«, der sie dorthin begleiten sollte, sowie nach Kasserine, wo der Aufruhr ebenfalls brodelte. Ich dankte meinem guten Stern und eilte zum Hôtel des Berges du Lac, wo sie untergebracht waren. Dabei stellte ich fest, dass ich von meinen geliebten Schatten verfolgt wurde, einer Gruppe von Polizisten. Beim Abendessen wurde gemeinsam beschlossen, am nächsten Morgen aufzubrechen. Ein Vertreter der ATCE (Tunesische Behörde für Auslandskommunikation, Teil des Kontrollapparats) sollte uns geleiten.

Die Märtyrer

Sidi Bouzid war schwarz vor polizeilichen und militärischen Ordnungskräften. Es herrschte Ruhe, als hätte die Stadt sich ergeben. Jemand hat mich erkannt: ein Gewerkschaftler und Gymnasiallehrer, der genau wie ich die

Berichterstattung eines ausländischen Fernsehsenders unterstützte. Im ganzen Land übte man allmählich Solidarität, während die Angst angesichts der tragischen Ereignisse von Wut verdrängt wurde. Im Hotel hatten wir Glück: Es gab nicht genug Zimmer für alle, und so musste sich unser Schutzengel von der ATCE woanders ein Plätzchen suchen. Wir sind sofort losgezogen, um vor dem Sitz des Gouvernorats ein paar Aufnahmen zu machen, genau an der Stelle, wo Mohamed Bouazizi sich selbst verbrannt hatte. Dort feixte mich ein Geheimpolizist an und rief »Linoucha!«. Ich hatte die Botschaft verstanden: *Wir behalten dich im Auge.*

Als wir ins Hotel zurückkehrten, erfuhr ich am Telefon, dass die Polizei im knapp vierzig Kilometer entfernten Regueb fünf Personen getötet hatte. Ohne unseren Schutzengel zu informieren, der bereits in seinem Hotel schlafen gegangen war, begaben wir uns unter der Führung des Lehrers nach Regueb. Dazu mussten wir kreuz und quer über verlassene holprige Feldwege fahren. Die Innenstadt war mit Ziegelsteinen, Felsstücken, verbrannten Reifen, Autowracks und Eisenstangen übersät. Der Geruch von Tränengas hing noch in der Luft, und am Himmel waren Rauchschwaden zu sehen. Die Polizei war einige Stunden zuvor aus Regueb abgezogen und hatte das Feld der Armee überlassen. Im Krankenhaus musste ich meine geballte Überredungskunst und meinen ganzen Kleinmädchen-Charme aufbieten, damit ein Arzt mir Zugang zum Patientenregister gewährte; darin standen die Namen der fünf Märtyrer, deren Leichen man inzwischen an die jeweiligen Familien übergeben hatte. Ich durfte die Liste abschreiben, mit der Auflage, meine Quelle nicht preiszugeben. Als wir das Krankenhaus verließen, fiel uns eine Gruppe junger Leute auf, die sich Palästinensertücher vor das Gesicht hielten. Zwei von ihnen hatten mich mehrfach im Fernsehsender France 24 gesehen. Ich habe sie gefragt, ob sie uns zu den Familien der Märtyrer bringen könnten. Ein anderer junger Mann namens Walid hatte Videoaufnahmen von den Vorfällen am Nachmittag, und er ließ sich mit vermummtem Gesicht von den Journalisten interviewen.

Im Haus des Märtyrers Nizar Ibrahim Slimi hielt seine Familie gerade die Totenwache. Trotz ihrer grenzenlosen Trauer lud sie uns ein, den Leichnam in Augenschein zu nehmen, und als die Mutter das Gesicht ihres Sohns aufdeckte, wurde mir schwindlig. Ich musste ihn unbedingt fotografieren und brachte es nicht über mich, aber die Familie ermunterte mich dazu, die ganze Welt sollte die Wahrheit über das verbrecherische Regime erfahren, das seine eigenen Bürger opferte. Nizars Mutter zeigte mir sogar die Einschussstelle. Die Kugel hatte ihn mitten ins Herz getroffen. Im selben Augenblick erwähnte Nizars Vater die *Snipers,* die von den Dächern herab in die Menge geschossen hatten. Seine Schwester zeigte uns Nizars blutgetränkten Kleidungsstücke. Ich konnte nicht fassen, dass sich so etwas in meinem liebenswerten, gastlichen Land abspielte. Hass und Verzweiflung kamen in mir auf, zugleich spürte ich, wie mich eine ungeheure innere Stärke erfüllte. Ich hatte nur noch ein Ziel: Die Gräueltaten öffentlich zu machen, die ZABA und seine Regierung zu verantworten hatten. Kurze Zeit später kamen zwei junge Männer und forderten uns auf, die Stadt umgehend zu verlassen: Durch Spitzel hatte die Polizei von unserer Anwesenheit erfahren. Andere junge Leute haben uns mit ihren Mopeds den Weg gebahnt.

So schnell wollte ich als Bloggerin aber nicht das Handtuch werfen! Kaum waren wir wieder in Sidi Bouzid, nutzte ich an der Rezeption den einzigen Internetzugang im ganzen Hotel, verfasste einen neuen Eintrag für meinen Blog und fügte die Fotos hinzu, die ich in Regueb gemacht hatte. Am nächsten Tag mailte mir Walid neue Film- und Fotoaufnahmen, damit ich sie veröffentlichte und auch an die Journalisten weitergab. Am übernächsten Tag erhielten wir eine Drehgenehmigung für Kasserine. In der Stadt war alles geschlossen, wir fanden kein Hotel. Auch hier schwenkten die Anwälte, die ich am Morgen angerufen hatte, in Roben vor dem Gerichtsgebäude lauter Plakate, die den Gebrauch scharfer Munition gegen Zivilisten anprangerten. Als wir das Krankenhaus betreten wollten, versperrten Polizisten uns den Weg, obwohl sich vor dem Tor zahlreiche Bürger versammelt hatten, die uns unterstützten. Daraufhin traten Krankenschwestern und Pfleger vor unsere Kameras, um die Verbrechen zu benennen, die die Polizei begangen hatte. Hunderte Demonstranten zogen durch die Stadt und skandierten: »Brot und Wasser, Nein zu Ben Ali!« Sofort habe ich meine Journalisten links liegenlassen und mich den anderen angeschlossen, anstatt zu filmen. Noch nie hatte ich mich derart mit Leib und Seele als Tunesierin gefühlt, und so schrie ich mit den anderen mit, ich schrie deren Sprüche, ich schrie meine Wut heraus, meinen Hunger nach Gerechtigkeit.

Wir mussten uns immer wieder ein neues Quartier suchen, von dem aus wir unsere Reportagen und Botschaften weiterleiten konnten. Im nah gelegenen Thélepte sind wir in einem kleinen Hotel mit hervorragender Internetverbindung abgestiegen, so dass ich weitere Fotos und Filme veröffentlichen konnte. Doch am nächsten Morgen fiel der Strom aus und damit jede Möglichkeit, die Reportage vom Vortag ins Netz hochzuladen. Zum Glück stellte uns in Kasserine ein Anwalt seinen Internetanschluss zur Verfügung, damit wir den Beitrag rechtzeitig abschicken konnten, bevor wir nach Tunis zurückfuhren.

In der Hauptstadt stellten wir fest, dass der Staatssender TV 7 nach wie vor behauptete, Banditen und Vermummte wollten das Land zerstören. Zugleich wuchs die Liste der zivilen Opfer stetig an, nicht nur in den Städten, auch in abgelegenen Dörfchen fern jeder Öffentlichkeit. Am Vortag war in Ettadhamen, einem Vorort von Tunis, wieder ein Jugendlicher getötet worden. »Ein Polizist vom Nachbarrevier hat ihn erschossen. Dabei hat er ihm im Sommer immer eisgekühltes Wasser zu trinken gegeben, wenn er Durst hatte«, erzählten uns die Eltern, während wir den leblosen Körper filmten. Ab und zu hörten wir ganz in der Nähe Detonationen. Der pfefferartige Gestank der Tränengasgranaten war trotz der frischen Luft unerträglich. Überall die gleichen Bilder: Vor dem Krankenhaus stand ein leerer Krankenwagen mit offenen Türen, an denen geronnenes Blut klebte. Drinnen hörte man Menschen schreien und sich streiten. Ein Mann stürzte wütend auf uns zu, um uns zu vertreiben. Er begleitete einen schwerverletzten Angehörigen. Auf dem Friedhof fanden mehrere Beerdigungen gleichzeitig statt: Man begrub die Märtyrer vom Vortag. Mein Schmerz wurde immer tiefer, stechender. An diesem Tag wurde die nächtliche Ausgangssperre verlängert, »zum Schutze der Bürger«!

Die Freude meines Vaters

Am 13. Januar hörten wir das Gerücht: Es hieß, die Armee ginge nun gegen die Präsidentengarde vor. Als die Journalisten und ich zum Präsidentenpalast vordringen wollten, versperrte man uns wieder einmal den Weg, und so fuhren wir zum Hotel zurück, um auf ZABAs nächste Fernsehansprache zu warten, die für zwanzig Uhr angekündigt war. Ich war sehr bedrückt und fühlte mich so furchtbar einsam, dass ich Leila bat, mir in dieser Nacht Gesellschaft zu leisten. Ich ahnte, dass sie ebenfalls nicht in bester Verfassung war. Sie traf nur wenige Minuten vor Beginn der Ausgangssperre ein, und dann lauschten wir gemeinsam ZABAs Rede, eng aneinandergeschmiegt. Er wirkte blass, müde, unsicher … die Inszenierung ging diesmal gründlich daneben. Ben Ali sprach im tunesischen Dialekt, wie weiland Bourguiba, und erklärte, er habe seinem Land mehr als fünfzig Jahre lang treu gedient, ohne sich zu schonen, und er habe sein Volk verstanden. Er werde 2014 bei der nächsten Präsidentschaftswahl wohl nicht mehr kandidieren. Außerdem stellte er unter anderem die Aufhebung der Internetzensur in Aussicht.

Das Ende nahte, aber das wussten wir noch nicht. Kaum war ZABAs Rede zu Ende, hupten und klatschten draußen schon seine verbliebenen Anhänger. Männer, Frauen, Alte, Junge in Pyjama oder Jogginganzug … Sie rannten hin und her und schwenkten Fotos des Diktators. Leila war außer sich, sie wollte unbedingt auf die Straße gehen. Da ich nicht die Kraft hatte, sie davon abzuhalten, bin ich ihr gefolgt. Rasend vor Wut fing sie an zu wettern:

»Nieder mit Ben Ali! Denkt an das Blut der Märtyrer! Ben Ali muss weg!« Sie ruderte ganz allein in einem von Haien verseuchten Meer. Als Leila von Milizionären angegriffen wurde, habe ich mich, klein und schmächtig wie ich bin, dazwischengeworfen, ich wollte sie vor diesen mörderischen Banditen schützen. Nach der ersten Schrecksekunde haben sich die Männer erneut auf sie gestürzt, um sie zusammenzuschlagen. Es gelang mir, Leila ein Stückchen wegzuschubsen, aber sie war wie von Sinnen. Mir fiel keine andere Lösung ein, als einen weiteren engen Freund herbeizurufen, den Anwalt Abdennaceur, der ganz in der Nähe wohnte. Er konnte sie überreden, mit ihm zu gehen, und versprach ihr, dass sie am nächsten Tag Gelegenheit zur Revanche bekommen würde. Er hatte nicht zu viel versprochen …

Am nächsten Morgen sind wir mit Fatma und Karim zur Place Mohamed Ali gegangen, wo eine Protestversammlung gegen das Regime geplant war. Dort habe ich die vertrauten Gesichter der immer gleichen Demonstranten, Bürger- und Menschenrechtler wiedergesehen. Doch etwas war anders als sonst, und das habe ich begriffen, als die Polizisten uns zu meiner großen Verblüffung passieren ließen, ohne wie üblich zu fragen: »Wo wollen Sie hin?« und uns dann wie üblich den Zugang zu verwehren: »Nein, da können Sie nicht hin!« Rund hundert Leute skandierten: »Nieder mit dem Regime Ben Ali!« Eine halbe Stunde später war eine gewaltige Menschenmenge zusammengekommen, und wir bewegten uns allmählich auf die Zentralader zu, die Avenue Habib Bourguiba. Die Menge wuchs stetig an. Als wir das Innenministerium erreichten, Hochburg und Sinnbild der Repression und Folter, lautete unser Spruch: »Innenministerium, Terrorministerium!«

Ich erhielt einen Anruf von meinem Vater: Er wollte sich mir anschließen. Ich war überglücklich. Wir hatten uns tatsächlich seit über einem Monat nicht mehr gesehen, und er fehlte mir sehr. Als er zu uns stieß, traute er seinen Augen nicht. Wir standen dicht neben dem Eingang des Innenministeriums, wo man ihn in den siebziger Jahren brutal gefoltert hatte. Die Atmosphäre war fröhlich, gelöst, zugleich gefühlsgeladen, voller Empörung, Hoffen und Bangen. Ich betrachtete meinen Vater und spürte seine Freude. Er bat mich, das Gebäude zu fotografieren, als wollte er den Alptraum, den er durchlitten hatte, für immer bannen.

Schweigeminute per SMS

Wir ahnten immer noch nicht, dass Ben Ali an diesem Tag das Feld räumen würde. Wir hatten nur begriffen, dass der Bruch zwischen ihm und seinem Land nicht mehr zu kitten war. Meine Mutter und mein Bruder, die zu Hause geblieben waren, beschrieben uns am Telefon, was gerade weltweit im Fernsehen übertragen wurde. »Die Avenue ist schwarz vor Menschen!« Unaufhörlich strömten weitere Demonstrantengruppen aus den Querstraßen hinzu: Männer, Frauen, Alte, Junge, sogar Kinder und Säuglinge im Kinderwagen. Ich sah, wie Menschen die Dächer sämtlicher Gebäude entlang der Avenue besetzten. Die Tunesier waren geschlossen auf die Straße gegangen, um der Diktatur, der Unterdrückung, der Korruption, der Person Ben Alis eine Absage zu erteilen.

Da kam uns die Idee, eine Schweigeminute zum Gedenken an die Märtyrer auszurufen. Der Aufruf wurde über SMS, Twitter und Facebook (mobile Internet-Versionen) verbreitet, mit solchem Erfolg, dass sogar die scheußliche Turmuhr der Place du 7 Novembre 1987 – die an die Machtübernahme Ben Alis erinnern sollte[1] – sich in ihrer anmaßenden Höhe daran hielt. Die Menge trat geeint auf, solidarisch, es gab keinen Anführer, alle teilten ein Ziel, eine Vision. Ein paar junge Leute hangelten sich zu den Fenstern des Innenministeriums hoch und hängten dort Fahnen auf. Jahrzehntelang hatten die Tunesier dieses unheilvolle Gebäude mit gesenktem Blick und eiligen Schrittes passiert. Und auf einen Schlag hatten wir mit dieser unguten Tradition gebrochen! Mich überkam eine Gänsehaut, als wir danach alle zusammen die Arme reckten und wie aus einem Mund riefen: »Verschwinde!« Mit diesem Ruf brachten wir die Avenue zum Beben und änderten den Lauf der Geschichte. Die Videobilder dieses Triumphs gingen und gehen immer noch um die Welt, beflügeln die Träume aller Araber sowie aller Völker, die unter einer Diktatur leben.

Noch mussten wir allerdings mit den Polizeikräften rechnen, die sich nicht geschlagen geben wollten. Plötzlich warfen Polizisten Tränengasgranaten in die Menge. Die Leute zerstreuten sich in alle Richtungen, während die Bullen wild auf sie einprügelten. Mein Vater und ich liefen Hand in Hand davon. Man konnte kaum atmen, die Leute rutschten aus, stolperten, fielen hin wie Fliegen, die man mit Insektenspray besprüht hatte. Die Polizisten

1 Inzwischen wurde der Platz nach Mohamed Bouazizi benannt (A. d. Ü.)

verfolgten uns bis zur Gare de la République. Wir rannten kreuz und quer durch die Gassen. Es waren nicht nur Granatenexplosionen zu hören, sondern auch Schüsse. Binnen weniger Minuten hatte sich der Kampf auf die ganze Stadt ausgeweitet. Vermummte Jugendliche, fast noch halbe Kinder, traten den tollwütigen Polizisten entgegen. Es war unmöglich, zu den Journalisten ins Hotel zurückzukehren, und so bin ich zu meinen Eltern gegangen. Dort habe ich meine Mutter und meinen Bruder wiedergesehen, ebenfalls zum ersten Mal seit über einem Monat.

Als wir alle zusammen vor dem Fernseher saßen, erfuhren wir, dass bald eine bedeutende Botschaft verkündet werden sollte. Wir warteten eine Stunde, die mir wie eine Ewigkeit vorkam. Und dann dieser unbeschreibliche Freudentaumel, diese schier unfassbare Nachricht: Ben Ali hatte das Weite gesucht, der Diktator war vom Sockel gestürzt. Wir waren ihn endlich los. Wir waren frei! Man würde uns nie wieder knebeln und fesseln.

Von der Nightclubberin zum Tunisian Girl

Wie weit wir doch gekommen waren, mit unseren Bildschirmen, Blogs und sozialen Netzwerken als einzigen Waffen! Ja, es war ein langer Weg von meinem Blog »Nightclubbeuse«, der eine Zeitlang »Crazy thoughts« hieß, bis ich ihn schließlich in »A Tunisian Girl« umtaufte, angeregt von einer Diskussion, die ich 2009 mit einem mauretanischen Freund führte, beim zweiten BarCamp der arabischen Blogger in Beirut.

Daran muss ich heute oft denken, wenn ich meinen Lebensweg mit dem meiner Eltern in Verbindung bringe. Ich wurde in eine politisch engagierte Familie hineingeboren. Mein Vater hat in seiner Jugend sechs Jahre im Gefängnis verbracht, von 1974 bis 1980. Er war aktives Mitglied der tunesischen Linken unter Präsident Bourguiba. Schon als kleines Kind konnte ich leicht erkennen, welche Spuren die Folter auf seinem Körper hinterlassen hatte. Meine Mutter, die Lehrerin ist, gehörte der tunesischen Studentengewerkschaft UGET an. Bei uns zu Hause guckte man weder die end- und hirnlosen Telenovelas aus Ägypten oder Mexiko, die während meiner Kindheit im tunesischen Fernsehen liefen, noch die Fußballspiele, die von den meisten Tunesiern mit großer Begeisterung verfolgt werden. Ich wuchs vor dem Hintergrund des israelisch-palästinensischen Konflikts auf, des Golf- und des Bosnienkriegs. Ich habe noch den Fall der Berliner Mauer und die Auflösung der Sowjetunion vor Augen. Meine früheste Erinnerung an die tunesische Geschichte ist ZABAs Machtergreifung am 7. November 1987 – ich war damals vier Jahre alt –, nachdem er Habib Bourguiba aus dem Amt geputscht und in den Ruhestand versetzt hatte. Ich weiß noch, wie ich die Bibliothek meiner Eltern durchstöberte, um Bücher zu finden, in denen der Name meines Vaters stand, das Datum und der Ort seiner Inhaftierung. Außerdem fing ich an zu schreiben. Ich führte schon sehr früh ein Tagebuch, in dem ich alles notierte, was mich beschäftigte und bewegte, darunter auch gesellschaftliche Probleme, soweit ich sie überblicken konnte.

Obwohl meine Eltern alles andere als wohlhabend waren, haben sie mir gern Bücher gekauft, haben mich immer ins Kino, ins Theater, ins Konzert mitgenommen. Sie schickten mich sogar auf Reisen. Sie schenkten mir die neuesten technischen und elektronischen Geräte, so dass ich recht früh meinen ersten Computer bekam. Ich erinnere mich gut an diesen großen Bürorechner. Damit begann meine Erkundung einer magischen Welt voller Bilder, Videos und Texte. Meinen Internetanschluss erhielt ich just in der Zeit, als ich mich auf das Abitur vorbereitete. Das eröffnete mir ein Tor zur Welt. Das Bloggen habe ich ganz zufällig entdeckt: In einer bunten Illustrierten las ich einen Artikel über den Blog einer Japanerin. Das Konzept gefiel mir so gut, dass ich es selbst ausprobieren wollte. Bei einer ersten schnellen Internet-Recherche bin ich gleich auf eine geeignete Plattform namens Skyblog gestoßen. Mein allererster Blog hieß Nali83, ein Anagramm meines Vornamens, dem ich mein Geburtsjahr hinzugefügt hatte. Kurz danach wanderte ich zu Blogspot ab, weil es einfacher zu bedienen war und meinen Bedürfnissen besser entsprach. Und da ich in dieser Zeit die angesagten Clubs von Gammarth und Hammamet besuchte, nannte ich meinen neuen Blog »Nightclubbeuse«, auch wenn ich dort bereits die Themen behandelte, die mir am Herzen lagen: soziale Ungerechtigkeit und menschliches Fehlverhalten. Ich sprach alle möglichen Probleme an, Schlaglöcher auf öffentlichen Straßen und Zugverspätungen genauso wie schulische Missstände und Behördenwillkür.

Nach und nach arbeitete ich mich in die Welt der tunesischen Blogger vor. Ich las täglich ihre Beiträge. Manche Feder – oder besser gesagt Tastatur – beeindruckte mich durch ihre Kühnheit, ich fand den Stil mancher Blogger berückend, und die meisten dieser Texte, ob in Prosa oder Versen, waren rebellisch und voller Aufklärungsdrang. Dann wurde ich Mitglied bei Facebook, diesem besonders magischen Netzwerk. Auch das habe ich dem Zufall zu verdanken: In meinem Posteingang fand ich eines Tages eine E-Mail mit der Aufforderung vor, mein eigenes Facebook-Profil zu erstellen, keine Ahnung, wie ich zu dieser Ehre kam. Mich hat das Konzept sofort angesprochen, ein weltweites Netzwerk von Freunden zu knüpfen, Artikel, Fotos und Filme mit ihnen zu teilen und auch direkt mit ihnen »chatten« zu können. Zunächst habe ich Freunde hinzugefügt, die ich kannte. Danach bin ich in die Phase »Der Freund meines Freundes ist auch mein Freund« eingetreten. So habe ich – natürlich auf virtuelle Weise – Menschenrechtsaktivisten und Mitglieder der Oppositionsparteien kennengelernt. Auf Facebook konnte ich mit Leuten diskutieren, deren Namen mir durch die Lektüre der beiden oppositionellen Zeitungen geläufig waren oder durch die Nachrichten auf Al-Hiwar Attounsi, dem einzigen unabhängigen Fernsehsender. Mit einigen habe ich mich dann auch in der realen Welt getroffen. So lernte ich den regimekritischen Journalisten kennen, mit dem ich eine Zeitlang zusammen war und einen gemeinsamen Blog gegründet habe, »Farda Wel Kat Okhtha« (übersetzt etwa »zwei Schuhe, die ein Paar bilden«). Das war 2008, als der soziale Aufstand im Bergbaubecken von Gafsa gewaltsam niedergeschlagen wurde. In diesem Jahr habe ich Tunesien verlassen, um in den USA Arabisch zu unterrichten. Über Facebook konnte ich mit meinen Eltern und Freunden in Verbindung bleiben. Im selben Jahr wurde ich selbst zum ersten Mal zensiert. Ich absolvierte gerade ein einwöchiges Praktikum in Madison, als mein Freund mir am Telefon mitteilte, dass man unseren Blog gesperrt hatte. Wie eingangs erwähnt, sandte ich daraufhin meinen Brandbrief an Sami Ben Gharbia, der ihn auf Global Voices online veröffentlichte.

Auf diesem Weg begleitete mich noch eine andere treue Gefährtin: meine Freundin Emel Mathlouti, die engagierte Sängerin. Seit ich 2005 erstmals ihre Stimme durch das Handy meines Vaters hörte, hatte ich sie ins Herz geschlossen. In diesem Jahr war ich ins Charles-Nicolle-Krankenhaus gekommen, um meine Nierenfunktion testen zu lassen. Man hatte mir erlaubt, das Krankenhaus zu verlassen, denn ich wollte ein Konzert zu Ehren eines beliebten, viel zu früh verstorbenen Aktivisten der tunesischen Linken besuchen. Doch dann musste ich mich plötzlich übergeben und fiel in Ohnmacht. Die Ärzte beschlossen, sofort mit der Hämodialyse zu beginnen, so dass ich meinen Vater bat, ohne mich ins Konzert zu gehen. Schließlich war es sein Genosse, den man an diesem Tag ehrte. Ich lag auf meinem Krankenhausbett, als mein Vater anrief und ich dank ihm Emels wunderbare sinnliche Stimme zu hören bekam. 2007 wurde mir eine neue Niere implantiert; die Niere hatte meine Mutter gespendet, um mich von der Hölle zu erlösen, die ich seit zwei Jahren aufgrund meiner Niereninsuffizienz durchlebte. Ich war gezwungen, jeden Abend eine Peritonealdialyse zu machen, weil ich die Hämodialyse nicht vertrug. Ich musste mich tagtäglich an eine Maschine anschließen, um zu überleben. Ich litt im Bewusstsein, dass meine Eltern noch größere Qualen litten. Sechs Monate nach dem Eingriff nahm ich in Bangkok das erste Mal an den Weltspielen der Organtransplantierten teil und gewann eine Silbermedaille in der Disziplin Gehen (Damen / 3 km). Zwei Jahre später gewann ich in Australien eine weitere Silbermedaille. Ich habe oft das Gefühl gehabt, dass die furchtbaren Schmerzen, die ich wegen meines Nierenleidens ertragen musste, mich für meinen Einsatz während der tunesischen Revolution gestählt haben.

Emel bin ich auch dankbar, weil sie mir eins ihrer Lieder für ein Video zur Verfügung gestellt hat, mit dem ich die Öffentlichkeit auf den oben erwähnten Hungerstreik der Studenten aufmerksam machte. Kurz nach meiner endgültigen Rückkehr aus den USA bin ich Ende Juni 2009 nach Algerien gefahren, um einem Konzert meiner Freundin in Annaba beizuwohnen. An der Grenze wurde ich einem merkwürdigen Verhör unterzogen. »Warum bist du so viel unterwegs? Was hast du in den USA gemacht? Was ist dein Vater von Beruf? Was ist deine Mutter von Beruf? Was will deine Freundin singen, der du in Algerien nachreist? Wer sagt uns denn, dass du nicht als Prostituierte nach Algerien reist? Weißt du eigentlich, dass es Frauen verboten ist, allein zu reisen?«

»Ach ja?«, reagierte ich mit einer Gegenfrage. »Ist das vielleicht ein neues Gesetz? Gab es ein Rundschreiben?« Ich ließ mich nicht aus der Ruhe bringen, schließlich hatte ich mich bereits informiert, als das Gerücht aufgekommen war, dass Frauen unter fünfunddreißig Jahren das Land nicht ohne Begleitung verlassen durften. Der Grenzpolizist gab mir am Ende meine Papiere zurück, aber der Vorfall verstörte mich zutiefst. Bislang hatte ich immer angenommen, Bürgerin eines Landes zu sein, das in puncto Frauenrechte zu den fortschrittlichsten gehörte, zumindest nach eigener Aussage.

Das Bergbaubecken von Gafsa

Lassen Sie zunächst mal diese Zahlen auf sich wirken. Im Oktober 2009 waren 860 000 Tunesier bei Facebook angemeldet. Im Februar 2010 wuchs deren Anzahl auf 1 125 000. Im Januar 2011, nach den hier geschilderten Ereignissen, zählte Tunesien ganze 2 400 000 Facebookers. Eine Steigerung um fast 200 Prozent binnen zwei Jahren! Von den elf Millionen Bewohnern, die in unserem Land erfasst sind, verfügen fast alle, die alt genug sind, um zu demonstrieren oder zu wählen, über einen eigenen Internetanschluss oder über eine Verbindung zur Welt der Internauten.

Stellen Sie sich jetzt vor, der große Aufstand, der 2008 im Bergbaubecken von Gafsa entbrannte, wäre von diesem gewaltigen Facebooker-Potential unterstützt worden – ich bin sicher, er hätte ein anderes Ende genommen. Damals erreichten uns die Bilder bloß tröpfchenweise und ausschließlich über den unabhängigen Fernsehsender Al-Hiwar Attounsi (»Die Stimme Tunesiens«), dessen tägliche Sendezeit nur eine Stunde betrug. YouTube und Dailymotion, die weltweit bekanntesten Videoportale, wurden in Tunesien bereits zensiert. Dabei hatten die Bewohner dieser kargen und ärmlichen Region keine andere Wahl, als für die staatliche tunesische Phosphatgesellschaft CPG zu arbeiten, und damit auch gute Gründe, sich gegen die herrschenden Bedingungen aufzulehnen. Im Januar 2008 gab es in dem Bergbaugebiet 80 freie Stellen, auf die sich 1000 Bewerber stürzten. Die Posten wurde jedoch alle an Anhänger der Regierungspartei RCD vergeben. Daraufhin löste der tunesische Gewerkschaftsbund UGTT einen Aufstand aus, der fast ein Jahr dauerte, bis er schließlich von Ben Ali und seinem Polizeiapparat niedergeschlagen wurde. Schon damals schossen die Bullen mit scharfer Munition auf Demonstranten. Drei Tote, Hunderte Festnahmen, endlose Gerichtsverfahren, zu denen Scharen von tunesischen Anwälten strömten. Die Aufständischen zahlten einen hohen Preis: 360 Strafurteile, zehnjährige Freiheitsstrafen für die vermeintlichen »Rädelsführer« unter den Gewerkschaftlern, die in zweiter Instanz zum Teil verkürzt wurden.

Doch die wahren Schuldigen, die Mörder, unser Tyrann, seine Schergen und die staatstreuen Medien, kamen ungeschoren davon und trieben weiter ihr Unwesen. Stellen Sie sich vor, wie es gelaufen wäre, wenn die zweieinhalb Millionen vernetzten Tunesier, die über Facebook, Twitter, Flickr miteinander kommunizieren, die Bilder vom Aufstand, von der gewaltsamen Niederschlagung gesehen, die Berichte der Opfer gehört hätten! Stellen Sie sich vor, welche Kräfte man hätte mobilisieren können, um den benachteiligten Arbeitern von Gafsa zu helfen!

Information, Solidarität, Mobilisierung

Heutzutage haben viele junge Leute diesen Traum, ich auch: Ich will, dass die Welt sich verändert. Sie wird sich aber nur verändern, wenn die Informationen in Umlauf geraten, wenn die Wahrheit verbreitet wird, wenn wir uns vernetzen. Sämtliche Diktatoren der Welt fürchten das Netz. Denn sie wollen mit allen Mitteln Informationskontrolle betreiben, während wir modernen jungen Leute die neuen Technologien beherrschen und über neue soziale Netzwerke verfügen. So kommen wir direkt an die Informationen heran, können sie mit anderen teilen und immer weiter verbreiten, sie jederzeit abgleichen, überprüfen und aktualisieren. Ein echter Cyber-Aktivist klebt beileibe nicht nur an seinem Bildschirm, er begibt sich an die realen Schauplätze des Geschehens, fotografiert und filmt vor Ort, befragt Augenzeugen – und dann kehrt er zu seinem Bildschirm zurück, um die Ergebnisse seiner Recherche ins Netz hochzuladen und andere daran teilhaben zu lassen. Unter diesen Voraussetzungen kann die Macht von Diktatoren oder repressiven Staatsapparaten erschüttert werden und eine siegreiche Demokratiebewegung entstehen.

Das Netz ist so mächtig, weil es unmittelbar reagieren und unbegrenzt viele Menschen miteinander verbinden kann. Sobald jemand eine Idee, eine Information ins Netz speist, wird sie umgehend empfangen. Andere Internauten können sich gleich anschließen, den Informanten unterstützen, der sich gegen ein Unrecht wehrt. Das Netz ist wie geschaffen, um Solidarität zu üben. So haben wir unseren Erfahrungsschatz an die jungen ägyptischen Revolutionäre weitergegeben und ihnen beispielsweise erklärt, wie sie sich vor Tränengas schützen können.

Das Netz ist auch ein unvergleichliches Mittel der Mobilisierung: es überwindet sämtliche Schranken, Zäune und Mauern, Verbote und Grenzen, Parteizugehörigkeiten und sogar individuelle Hemmungen – wie in meinem Fall die Schüchternheit. Man kann es nicht oft genug wiederholen: Die tunesische Revolution hat am 22. Mai 2010 die entscheidende Wendung genommen, als rund zwanzig Internauten zu einer Kundgebung gegen die Zensur aufriefen und dann mit Tausenden im Stadtzentrum von Tunis aufmarschierten, Seite an Seite in weißen T-Shirts, und sich später Seite an Seite auf den Café-Terrassen drängten, um ZABAs Geheimagenten mit vereinten Kräften einen Strich durch die Rechnung zu machen!

Das Netz eignet sich hervorragend für eine direkte, bürgernahe Demokratie. Wir wollen eine herrschaftsfreie Welt, in der sich alle am Entscheidungsprozess beteiligen können, in der jeder die Gesellschaft mitgestalten darf. Ich denke nicht, dass ich eine größere Rolle gespielt habe als die anderen tunesischen Facebooker. Wir träumen alle von einer Welt ohne Folter, ohne Zensur, ohne Gewalt, wir träumen alle von allgemeiner Chancengleichheit. Um das zu erreichen, brauchen wir Meinungsfreiheit, freien Zugang zu Informationen, die durch keinerlei Machtinstanz gefiltert oder manipuliert wurden. Darum habe ich mich inzwischen einer unabhängigen Organisation angeschlossen, die eine Reform der tunesischen Medien- und Pressegesetze erarbeitet. Wir wollen sämtliche Einschränkungen abschaffen. Und wir wollen dafür sorgen, dass die neue tunesische Verfassung auch einen freien Internetzugang garantiert.

Noch sind wir aber nicht so weit. Mich beunruhigt die Tatsache, dass auch der nächste Wahlkampf von Medien aus der Ära Ben Alis begleitet wird. Manche Chefredakteure sind immer noch die alten, obwohl man sie eigentlich vor Gericht stellen und verurteilen sollte. Sie haben das tunesische Volk unter der Diktatur jahrzehntelang belogen, sie haben ihm die Wahrheit vorenthalten, sie haben ihm die Studenten und Gewerkschaftler verschwiegen, die verhaftet, gefoltert, erschossen wurden. Die Journalisten könnten viel mehr Aufklärungsarbeit leisten, aber sie tun es nicht, und die Polizei tötet unterdessen weiter, es gibt immer wieder neue Opfer.

Wir müssen uns schleunigst wieder an die Bildschirme setzen. Eine Bloggerin hat immer zu tun.

Die französische Originalausgabe erschien 2011
unter dem Titel *Tunisian Girl – Blogueuse pour un printemps arabe*
bei Indigène éditions, Montpellier

Quellenangabe zu Seite 25:
http://www.anonnews.org/?p=press&a=item&i=115

ISBN 978-3-550-08893-3

Umschlaggestaltung: Sabine Wimmer, Berlin
Umschlagfoto: © Corbis
Gesetzt aus der Adobe Garamond
Satz: LVD GmbH, Berlin
Druck und Bindearbeiten: CPI – Ebner & Spiegel, Ulm
Printed in Germany